Benjamin Finkenrath

Das verlorene Schaf Lk 15,3-7: Eine Analyse

GRIN Verlag

Bibliografische Information der Deutschen Nationalbibliothek:

Die Deutsche Bibliothek verzeichnet diese Publikation in der Deutschen National-
bibliografie; detaillierte bibliografische Daten sind im Internet über http://dnb.d-
nb.de/ abrufbar.

Impressum:

Copyright © 2008 GRIN Verlag GmbH
Druck und Bindung: Books on Demand GmbH, Norderstedt Germany
ISBN: 978-3-638-93810-5

Dieses Buch bei GRIN:

http://www.grin.com/de/e-book/91316/das-verlorene-schaf-lk-15-3-7-eine-analyse

GRIN - Your knowledge has value

Der GRIN Verlag publiziert seit 1998 wissenschaftliche Arbeiten von Studenten, Hochschullehrern und anderen Akademikern als eBook und gedrucktes Buch. Die Verlagswebsite www.grin.com ist die ideale Plattform zur Veröffentlichung von Hausarbeiten, Abschlussarbeiten, wissenschaftlichen Aufsätzen, Dissertationen und Fachbüchern.

Besuchen Sie uns im Internet:

http://www.grin.com/

http://www.facebook.com/grincom

http://www.twitter.com/grin_com

Katholisch Theologische Fakultät

"Die Rede von Gott in den Gleichnissen Jesu"
Seminararbeit

Thema:

Das verlorene Schaf
Lk 15, 3-7

WS 07/08

Seminar für Exegese des Neuen Testaments

Name: Benjamin Finkenrath

Fachsemester: 9

Westfälische Wilhelms-Universität Münster

Inhaltsverzeichnis

1. Einleitung

In dieser Arbeit soll die Perikope Lk 15, 3-7 näher betrachtet und herausgestellt werden, was Lukas mit diesem Text aussagen, beziehungsweise bei seinen Lesern erreichen wollte (will).

Dazu verwende ich zunächst einmal eine möglichst wortgetreue Übersetzung des griechischen Textes. Des weiteren wird der Text in seine Sinnabschnitte unterteilt, um die Struktur des Gleichnisses herauszuarbeiten.

Im Gegensatz zu uns heute lebten die ursprünglichen Adressaten des Lukas-Evangeliums in der gleichen Alltagswelt wie der Verfasser, so dass ihnen die im Text benutzten Vergleiche Jesu geläufig waren.

Von daher werde ich die im Gleichnis benutzten Verhältnisse zur Zeit Jesu etwas verdeutlichen, da nur mit ihrer Kenntnis ein richtiges Verständnis von Sachverhalt und Aussage möglich ist.

Außerdem ist es wichtig zu betrachten, in welchen Kontext der Vergleich vom Evangelisten eingebettet wurde. Denn oft ging bei der Überlieferung der Texte oder der Komposition der Evangelien der ursprüngliche Gesprächskontext, in den hinein ein Gleichnis oder auch ein anderer Text gesprochen wurde, verloren.

Dafür, dass dies auch hier der Fall sein könnte, spricht der Umstand, dass das Gleichnis bei Lukas einen anderen Rahmen bzw. Kontext hat als bei Matthäus (18,12-14).

Einerseits erschwert dies die ursprüngliche Intention Jesu zu erkennen, andererseits weist es aber auch darauf hin, dass Lukas durch seine Positionierung etwas bestimmtes ausdrücken möchte.

Das heißt: Er nutzt das Gleichnis mit seinem Kontext für eine bestimmte Aussage - sofern es sich nicht um eine eher zufällige bzw. pragmatische Komposition von drei ähnlichen Gleichnissen (Gleichnistrias) handelt.

Um diesen Sachverhalt zu klären soll dementsprechend der nächste Schritt eine gründliche Untersuchung des Kontextes sein.

Lukas und Mathäus bedienen sich beide des Markus-Evangeliums und der so genannten Logienquelle "Q" als Vorlage für ihre Evangelien und ergänzen sie durch ihr jeweiliges Sondergut.

Da das Gleichnis vom verlorenen Schaf sowohl bei Lukas als auch bei Matthäus nicht aber bei Markus zu finden ist, ist davon auszugehen, dass Lukas und Matthäus diese Erzählung aus der Logienquelle "Q" übernommen haben.

Von daher soll im weiteren Verlauf mit Hilfe eines synoptischen Vergleichs untersucht werden, in wie weit die beiden Evangelientexte übereinstimmen bzw. sich unterscheiden - und ob die Unterschiede eventuell verschiedene Ziele erkennen lassen.

Nach diesen Untersuchungen wird es darum gehen, die Ergebnisse zusammen zu fassen und dadurch die Intention des lukanischen Textes zu verdeutlichen.

Im zweiten Teil der Arbeit folgen dann eine Zusammenschau und Gegenüberstellung der Ergebnisse und Meinungen verschiedener exegetischer Ansätze zu dieser Perikope, so dass anschließend eine Schlussreflexion möglich ist.

2. Analyse von Lk 15, 3-7

2.1 Deutsche Übersetzung des griechischen Originaltextes

3 ei=pen de. pro,j auvtou.j th.n parabolh.n tau,thn le,gwn(
4 Ti,j a;nqrwpoj evx u`mw/n e;cwn e`kato.n pro,bata kai. avpole,saj evx auvtw/n e]n ouv   katalei,pei ta. evnenh,konta evnne,a evn th/| evrh,mw| kai. poreu,etai evpi. to. avpolwlo.j e[wj eu[rh| auvto,È
5 kai. eu`rw.n evpiti,qhsin evpi. tou.j w;mouj auvtou/ cai,rwn
6 kai. evlqw.n eivj to.n oi=kon sugkalei/ tou.j fi,louj kai. tou.j gei,tonaj le,gwn auvtoi/j(Sugca,rhte, moi o[ti eu-ron to. pro,bato,n mou to. avpolwlo,jÅ
7 le,gw u`mi/n o[ti ou[twj cara. evn tw/| ouvranw/| e;stai evpi. e`ni. a`martwlw/| metanoou/nti h' evpi. evnenh,konta evnne,a dikai,oij oi[tinej ouv crei,an e;cousin metanoi,ajÅ

3 Er sprach aber zu ihnen dieses Gleichnis, sagend:
4 Welcher Mensch von euch, habend hundert Schafe und verlierend von ihnen eines, lässt nicht zurück die neunundneunzig in der Öde, und geht zu dem verlorenen, bis er es findet?
5 Und wenn er (es) gefunden hat, auflegt er (es) auf seine Schultern, sich freuend
6 und wenn er gekommen ist ins Haus, zusammenruft er die Freunde und die Nachbarn, sagend ihnen: Freut euch mit mir, weil ich fand mein Schaf das verlorene,
7 Ich sage euch: So wird (mehr) Freude im Himmel sein über einen umkehrenden Sünder als über neunundneunzig Gerechte, welche nicht nötig haben eine Umkehr.

2.2 Inhaltliche Gliederung und Komposition der Perikope

Um das Gleichnis verstehen zu können, ist es wichtig zunächst die Handlung zu verstehen. Dazu wird im Folgenden der Text in Sinnabschnitte unterteilt.

+ In den Versen 1 - 2 wird dem Gleichnis eine konkrete Situation vorangestellt, auf die sich die folgenden drei Gleichnisse beziehen.

+ Der hier zu untersuchende Text beginnt mit Vers 3, in dem das Gleichnis angekündigt bzw. eingeleitet wird.

+ In Vers 4 wird zunächst eine Alltagssituation geschildert, die den Zuhörern bekannt ist. - Ein Schäfer verliert eines seiner Schafe.

+ Jetzt folgt allerdings eine ungewöhnliche Reaktion, die die Hörer aufhorchen lässt. - Der Hirte lässt die übrigen Schafe zurück und geht das eine Verlorene suchen. Dadurch riskiert er auch noch andere Schafe zu verlieren.

+ In Vers 5 findet der Hirte das Schaf, das er verloren hat und trägt es zurück zu den anderen.

+ Vers 6 beschreibt, dass der Hirte ein Fest gibt, weil er das Schaf gefunden hat.

+ Vers 7 ist gewissermaßen ein Fazit, das das Gleichnis erklärt und auf eine andere nämlich die eigentliche Sachebene bringt.
Dass hier nicht von der Freude Gottes, sondern allgemein von der Freude im Himmel die Rede ist, ist auf die jüdische Scheu etwas über Gottes Gefühle auszusagen zurück zu führen. - Die spätere Nennung des Gottesnamens in Vers 10 ist wahrscheinlich einem heidenchristlichen Überlieferer zu zuschreiben.[1]

---

[1]   vgl. Eta Linnemann, Gleichnisse Jesu, Einführung und Auslegung, 5. Ausgabe, Vandenhoeck & Ruprecht, Göttingen 1969, Seite 72

2.3 Optische Umsetzung der Handlung

Ein weiterer hilfreicher Schritt zum Verständnis des Gleichnisses ist es den Inhalt aufzuzeichnen.

Szene: Hirte, Berge, Schafe

Im Gleichnis, geht es um einen Hirten, der 100 Schafe hat und eines verliert.

	verliert	
100 Schafe →→→→→→→→→→→	Hirte	→→→→→→→→→→→ 1 Schaf

Der Hirte lässt die 99 nicht Verirrten zurück und geht das eine Verlorene suchen. Als er es gefunden hat, freut er sich.

lassen		sucht
99 nicht verirrt →→→→→→→→→→→	Hirte verliert	→→→→→→→→→→→ Verlorenes
	findet = Freude	

2.4 Realienabklärung

Den ursprünglichen Adressaten des Gleichnisses war die darin geschilderte Situation bekannt. Die Welt, in der die Handlung spielt, entsprach Ihrem Alltag. Dieses Wissen ist nötig, um die Übertragung verstehen zu können. Von daher ist es wichtig möglichst viele Informationen über die Situation in Erfahrung zu bringen. Denn dies ermöglicht ein besseres Hineindenken in das Gleichnis.

Schafe sind Herdentiere und haben durch die Haltung als Haustiere ihre wehrhaften Eigenschaften verloren. Zudem mangelt es ihnen an solchen Fähigkeiten, die ihnen eine sichere Flucht, ein schützendes Verbergen oder eine Täuschung ermöglichen. Bei Gefahr scharen sie sich zusammen. Ein Schaf kann kaum alleine überleben und findet nicht von selbst zur Herde zurück[2]. "Ein von der Herde abgekommenes Schaf,

---

[2]   vgl. Kühnemann, Helmut: Ratgeber Nutztiere Schafe, Ulmer, Stuttgart 2000 S. 9-13

das umhergeirrt ist, pflegt sich mutlos niederzulegen und ist nicht mehr zu bewegen aufzustehen und zu laufen. Es bleibt dem Hirten nichts anderes übrig, als es zu tragen."[3]

Die damaligen Hirten waren einfache und gesellschaftlich gering geachtete Menschen. Allerdings wurde ihnen große Verantwortung über den Besitz anderer gegeben, wenn sie auf deren Schafe achteten. Sie schützen die Schafe gegen Gefahren und zogen mit ihnen von Weidefläche zu Weidefläche. "Während des regenarmen Sommers mussten die Hirten mit ihren Schafen und Ziegen weit umherziehen (um gute Weideplätze zu finden). (...) In der winterlichen Regenzeit trieben die Hirten ihre Herden in die nach Osten abfallenden Täler bis in die Jordansenke hinab. Im Spätfrühling wanderten sie die Trockentäler wieder hinauf, bis sie bei den abgeernteten Weizen- und Gerstenfeldern Bethlehems angelangt waren."[4] Für diese Aufgaben brauchte es gestandene Männer, die oft ihr Leben riskierten um die ihnen anvertrauten Schafe zu schützen.

2.5 Andere Biblische Texte mit gleichen Aktanten

In diesem Abschnitt soll ein Blick darauf geworfen werden, für wen Hirten und Schafe in biblischen Texten als Bilder verwendet werden. Neben den stark christologisch ausgerichteten Bildworten vom guten Hirten im Johannes-Evangelium (Joh 10,1-17) bietet sich der Text Ezechiel 34,1-31 hier geradezu an, da er den damaligen Adressaten des Gleichnisses durchaus geläufig gewesen sein dürfte.

In den Versen 34,1-10 ist zunächst von schlechten Hirten die Rede, die nur auf ihr eigenes Wohl bedacht sind. Denn sie nutzen die Tiere regelrecht aus (Milch, Wolle, Fleisch), kümmern sich aber in keinerlei Weise um die ihnen anvertrauten Tiere. Sie stärken weder die Schwachen, noch heilen sie die Kranken noch - und das ist für das in dieser Arbeit zu bearbeitende Gleichnis besonders wichtig - suchen sie nach den Verirrten (34,4-6).

Bereits in den Versen 34,1-2 wurden Sach- und Bildebene mit den Worten "Hirten Israels" einander eindeutig zugeordnet: Die Schafe sind das (verstreute) Volk Israel

---

[3] Joachim Jeremias, Die Gleichnisse Jesu, 8., durchgesehene Auflage, Vandenhoeck & Ruprecht, Göttingen 1970, S. 134

[4] Erich Läufer, Hirten waren die ersten, in: Kirchenzeitung für das Erzbistum Köln, Ausgabe Nr.51/52, 19.12.2003, Seite 14f.

und die schlechten Hirten sind die Führer des Volkes, die aufgrund ihres Handelns von Gott abgesetzt werden (34,10).

An ihrer Stelle wird sich zunächst Gott selbst wie ein Hirte um seine Schafe kümmern - auch oder besonders um die verloren gegangenen und vertriebenen (34,11-16), bevor er einen neuen Hirten einsetzen wird: "Ich setze für sie einen einzigen Hirten ein, der sie auf die Weide führt, meinen Knecht David." (34,23) Mit der nachfolgenden Bezeichnung Davids als "Fürst in ihrer Mitte" (34,24) werden auch hier Bild- und Sachebene einander zugeordnet.

Dass hier mit dem "Knecht David" nicht der historische David sondern der messianische gemeint ist, ergibt sich einerseits aus der zeitlichen Einordnung des Ezechielbuches und lässt sich andererseits den restlichen Versen dieses Ezechiel-Textes entnehmen.

Was jedoch gleichsam als Brücke zum historischen David bezeichnet werden kann, ist der Umstand, dass er, bevor er an den Königshof kam, Hirte war und zudem ein sehr tapferer und mutiger (1 Sam 17,34-36).

Die Tatsache, dass König David Hirte war, dürfte es den Zuhörern Jesu leichter gemacht haben, den Hirten seines Gleichnisses mit Gott gleich zu setzen, zumal auch die großen Führer des Volkes Israel, nämlich Abraham und Mose, Hirten waren.[5]

Das heißt, dass das Bild des Hirten auf diesem Hintergrund zur Zeit Jesu nicht unbedingt negativ besetzt war, auch wenn die zeitgenössischen Hirten einfache und gesellschaftlich gering geachtete Menschen waren.

Darüber hinaus wird der Vergleich zwischen Gott und einem Hirten schon in den Psalmen gemacht.[6]

Erwähnen möchte ich abschließend noch die Verse 34,17-22 des untersuchten Ezechiel-Textes, die nicht von dem Verhältnis zwischen Hirten und Schafen handeln, sondern von guten und schlechten Schafen und somit das Verhältnis der Schafe, der Menschen des Volkes Israel, untereinander zur Sprache bringen. - Eventuell könnte hier - auch wenn es vage ist - eine Korrespondenz zu der Freude über das wieder gefundene Schaf im Gleichnis bestehen.

---

[5]   vgl. Erich Läufer, Hirten waren die ersten, in: Kirchenzeitung für das Erzbistum Köln, Ausgabe Nr.51/52, 19.12.2003, Seite 14f
[6]   vgl. z.B. Psalm 23,1

2.6 Synoptischer Vergleich

- Die Unterschiede zwischen Lukas und Matthäus
- Die besondere Betonung von Lukas

Der in dieser Arbeit betrachtete Text des Lukas findet sich auch bei Mathäus (Mt 18,12-14). Wie bereits erwähnt, haben beide den Text des Gleichnisses vom verlorenen Schaf der Logienquelle "Q" entnommen, wofür auch die große Ähnlichkeit der Perikopen spricht.[7]

Die bei Lukas folgenden Erzählungen von der "verlorenen Drachme" und vom "verlorenen Sohn" fehlen bei Mathäus und sind daher als lukanisches Sondergut zu betrachten.

Die Verse LK 15,1-2 weisen eine Ungereimtheit auf, da zunächst die Rede von "Zöllnern und Sündern" dann nur von "Sündern" ist. Dass Vers 1 lukanische Sprache, der Vers 2 jedoch traditionell ist, unterstützt die obige These und lässt zusätzlich den Schluss zu, dass Vers 2 die ursprüngliche Einleitung des Gleichnisse war. Dieser Vers verrät daher eventuell auch die historische Situation in die hinein das Gleichnis gesprochen wurde.[8]

Der einleitende Vers 1 ist von Lukas ergänzt. Es ist auffällig, dass der Jesus des Lukas Textes seine Zuhörer viel direkter anspricht als der des Mathäus. Bei Lukas heißt es "Welcher Mensch von euch" (Lk 15,4), bei Mathäus ist es irgendein Mensch.

Lukas setzt voraus, dass jeder Leser so handeln würde wie der Hirte in der Geschichte. Matthäus lässt dies außen vor.

Bei Mathäus verirrt sich das Schaf und bei Lukas wird es verloren.

In beiden Evangelien ist das Schaf weg von seiner Herde. Allerdings liegt die Schuld dafür im matthäischen Evangelium beim Schaf, das sich verirrt und im lukanischen Text beim Hirten, der das Schaf verliert.

In Mt 18,13 heißt es "Und wenn es geschieht, dass er es findet". Diese Formulierung schließt die Option ein, dass der Hirte das Schaf nicht finden kann. Bei Lukas hingegen sucht der Hirte nach dem Schaf, "bis er es findet" (Lk 15,4).

---

[7]   Diese These wird von vielen Exegeten angezweifelt: vgl. Hans Weder, Die Gleichnisse Jesu als Metaphern, Van-denhoeck & Ruprecht, Göttingen 1978, Seite 177, Fußnote 51

[8]   vgl. Hans Weder, Die Gleichnisse Jesu als Metaphern, Vandenhoeck & Ruprecht, Göttingen 1978, Seite 168-170

Lukas wird bei dieser Formulierung vielleicht die Sachhälfte im Kopf gehabt haben, denn es entsprach wohl nicht der Realität, dass ein Hirte die Suche nach seinem Schaf einstellte bevor er es fand.

Der Hirte des Lukastextes trägt das verlorene Schaf auf seinen Schultern zurück zur Herde. Er gibt sogar ein Fest, mit dem er gemeinsam mit seinen Freunden und Nachbarn das Finden des Schafes feiert. Dieses Fest fehlt bei Mathäus.

Es ist zu vermuten, dass dieses Fest zur Zeit der mündlichen Überlieferung aus dem Gleichnis der verlorenen Drachme übernommen wurde. Denn es scheint ziemlich unwahrscheinlich, dass der Hirte das Schaf vom Gebirge mit in eine Wohngegend bringt statt es zur Herde zurück zu bringen.[9]

Diese These der Veränderung durch Überlieferung würde auch erklären, warum das Fest bei Mathäus fehlt, da in seinem Evangelium auch das Gleichnis von der Drachme fehlt.

Es ist allerdings zu bedenken, dass aus dem Text nicht hervorgeht, wo die Herde war. Vielleicht hat der Hirte mit anderen Nomaden gefeiert.

Sollte die Theorie der Übernahme stimmen, müssten sich beide Gleichnisse getrennt von einander entwickelt haben und erst später verbunden worden sein.

Der Vers Mt 18,14 fehlt bei Lukas ganz. Dort heißt es: "So ist es nicht (der) Wille von eurem Vater in (den) Himmeln, dass verloren gehe eines dieser Kleinen." (Mt 18,14) Mathäus verweist damit nicht nur zurück auf das Kind am Beginn des Kapitels 18, sondern stellt es in Zusammenhang mit allen Perikopen desselbigen.

Der entscheidende Anhaltspunkt für die Auslegung der beiden Gleichnistexte ist die Schuldfrage. Der lukanische Text ließe sich überschreiben mit "Das verlorene Schaf". Für dasselbe Gleichnis bei Mathäus wäre "Das verirrte Schaf" eine passende Überschrift.

Das Schaf steht in beiden Texten für einen Sünder, einen Menschen der sich durch seine Taten von Gott abgewendet hat.

Mathäus schreibt in Vers 14, dass Gott nicht möchte, dass das verirrte Schaf verloren geht. Nach matthäischer Theologie ist es die Schuld des Einzelnen wenn er sich verirrt, d.h. vom rechten Glauben und Leben abkommt. Doch er wird vom Hirten, von Gott, gesucht und möglicherweise auch gefunden.

---

[9]   vgl. Eta Linnemann, Gleichnisse Jesu, Einführung und Auslegung, 5. Ausgabe, Vandenhoeck & Ruprecht, Göttingen 1969, Seite 73

Im Lukastext freut sich der Hirte so sehr darüber das Schaf gefunden zu haben, dass er ein Fest gibt, damit die Anderen sich mit ihm freuen. Dies und die Aussage, dass jeder so handeln würde wie der Hirte, ist ein Appell an die lukanische Gemeinde, nach dem Sünder zu suchen und sich mit Gott gemeinsam zu freuen, wenn jemand, der gefehlt hat, umkehrt.

Das Schaf im Lukas-Evangelium kehrt nicht von selber um, sondern es wird gesucht, bis es gefunden wird. So soll auch die Gemeinde des Lukas niemals aufgeben und es nicht akzeptieren jemanden verloren zu haben, bis er gefunden und zurück getragen wurde.

In dieser direkten Gegenüberstellung der Texte wird deutlich, wie die Evangelisten die Texte verändert haben um jeweils einen anderen Aspekt des Gleichnisses zu verdeutlichen.

2.7 Der Kontext bei Lukas - die Gleichnistrias

Lukas stellt dem Gleichnis eine Situation voraus, in die hinein Jesus das Gleichnis gesprochen haben könnte. Jesus sitzt mit Zöllnern und Sündern zum Mahl zusammen. Die Schriftgelehrten und Pharisäer murren über dieses Verhalten Jesu. Für sie war das gemeinsame Mahl ein Ort der besonderen Nähe Gottes. Daher mussten sich die Gerechten dabei von den Sündern besonders abgrenzen.[10] Es geht also um einen Streit zwischen Jesus und den Führern des Volkes, auf den der lukanische Jesus mit drei Gleichnissen antwortet.

Im großen Zusammenhang des Lukas-Evangeliums ist der Textausschnitt ein Teil des lukanischen Reiseberichts über den Weg Jesu nach Jerusalem. In den Rahmen dieses Weges hat Lukas ausschließlich grundlegende theologische Aussagen aus der Logienquelle "Q" und aus seinem Sondergut eingebaut.[11]

Der Weg nach Jerusalem endet in der Passion Jesu. Zu diesem Ereignis führt der Reisebericht des Lukas hin.

Von daher müssen alle Erzählungen, die in den Rahmen dieses Weges eingefügt sind, aufgrund ihrer Positionierung im Licht von Tod und Auferstehung Jesu gesehen

---

[10]   vgl. O. Hofius, Jesu Tischgemeinschaft mit den Sündern (in: Ders., Neutestamentliche Studien [WUNT 132], 2000, 19-37), 21-29

[11]   vgl. Udo Schnelle, Einleitung in das neue Testament, 4. neubearbeitete Auflage, Vandenhoeck und Ruprecht, Göttingen 2002, Seite 293; 297

11

werden. Auch die in dem hier behandelten Gleichnis erzählte Sündenvergebung muss im Horizont dieser Ereignisse in Jerusalem bedacht werden.[12]

Dadurch wird Jesus eine besondere Funktion zugeschrieben. Die Zuwendung zu ihm ist gleich zu setzen mit Umkehr und der damit verbundenen Sündenvergebung.

Dieser Zusammenhang ist es, den die Pharisäer in der Rahmenerzählung nicht verstehen, ja zu dieser Zeit noch gar nicht verstehen konnten. Daher waren für sie die Menschen, die bei Jesus waren noch Sünder. Denn in den Augen eines frommen Juden waren bei ihnen keine Zeichen der Umkehr erkennbar.[13]

Jesus jedoch konnte trotz seines jüdischen Glaubens mit den "Unreinen" Mahl halten, da er wusste, dass sie durch ihn erlöst waren.

Das Gleichnis vom verlorenen Schaf ist das erste der Gleichnistrias und steht mit den zwei folgenden Gleichnissen in der Mitte des Lukas-Evangeliums, die gemeinsam das Zentrum der lukanischen Theologie sind.[14]

Das zweite Gleichnis der Trias ist das von der verlorenen Drachme (Lk 15,8-10), das sich direkt an das vom verlorenen Schaf anschließt. Als drittes und somit als Abschluss der Trias folgt das Gleichnis vom verlorenen Sohn (Lk 15,11-32).

Das Gleichnis von der verlorenen Drachme handelt von einer Frau, die eine von zehn Drachmen[15] verliert, und es hat den gleichen Aufbau, wie das Gleichnis vom verlorenen

Schaf.

Im jeweiligen Abschlussvers (V 7 bzw. 10) ist die Rede vom umkehrenden Sünder. Dies fällt insofern auf, da sowohl das Schaf als auch besonders die Drachme nicht von selbst umkehren (können), sondern gesucht und gefunden bzw. geholt werden (müssen).

Der übereinstimmende Aufbau der beiden Gleichnisse spricht dafür, dass die Texte mit gleicher Intention verfasst wurden - der Inhalt allerdings für verschiedene Adressaten.

---

[12] vgl. Christof Landmesser, Die Rückkehr ins Leben nach dem Gleichnis vom verlorenen Sohn (Lukas 15,11-32), in: ZThK 99 (2002) S. 241

[13] vgl. Eta Linnemann, Gleichnisse Jesu, Einführung und Auslegung, 5. Ausgabe, Vandenhoeck & Ruprecht, Göttingen 1969, Seite 76

[14] vgl. Gerd Theißen, Das neue Testament, 2. Auflage C.H. Beck, München, 2004, S. 78

[15] Eine Drachme war eine Münze und entsprach dem Tageslohn eines Tagelöhners und musste mindestens einen Tag für das Essen genügen.

Das erste wendet sich an Männer, und benutzt daher ein Bild aus deren Alltagswelt. Die Drachme des zweiten Gleichnisses ist Bestandteil der damaligen Alltagswelt der Frau, denn die Frauen waren für das Haus und die Finanzen verantwortlich.

Für diese Annahme sprechen auch die Anreden: "Welcher Mensch[16] von euch" (V 4) und "welche Frau" (V 8).

Eine solche Parallelisierung von Mann und Frau war in der damaligen patriachalen Gesellschaft etwas Besonderes. Jedoch ist dieses Phänomen bei Lukas häufiger zu finden.[17]

In diesem Zusammenhang ist hinsichtlich der Akzeptanz des Gleichnisses von der verlorenen Drachme noch eine weitere Beobachtung interessant. Denn vom ersten zum zweiten Gleichnis ist eine prozentuale Steigerung bezogen auf Besitz und Verlust zu erkennen. Der Hirte verliert eines von 100 Schafen, das ist 1%. Die Frau verliert eine von zehn Drachmen, das sind 10%.

Wer also dem Engagement des Hirten bei dem Verhältnis 1:100 zustimmt (und davon geht das Gleichnis durch die einleitende Frage in Vers 4 aus), der dürfte erst recht dem Engagement der Frau bei einem Verhältnis von 1:10 zustimmen - auch wenn der absolute Wert des Schafes sicherlich weitaus größer war.[18]

Eine weitere Steigerung gibt es vom zweiten zum dritten Gleichnis (Lk 15,11-32), in dem der Vater einen von seinen zwei Söhnen verliert.

Dass auch dieses Gleichnis vom verlorenen Sohn unter der Überschrift des Konfliktes zwischen Jesus und den Pharisäern und Schriftgelehrten gelesen werden soll, wird dadurch deutlich, dass es zwischen dem vorherigen und diesem Gleichnis keinen Wechsel von Personen oder Orten gibt. Es wird also keine neue Situation geschildert, in die hinein Jesus das Gleichnis spricht. Zudem wird das Gleichnis vom verlorenen Sohn durch die Einleitung "er - Jesus - aber sprach" mit dem Rahmen in Vers 3 verknüpft.[19]

Die drei Gleichnisse sind - wie oben gesagt - Teil eines Streitgesprächs, das sich aus der Rahmenerzählung (V 1-3) heraus weiter entwickelt hat.

---

[16] Entsprechend der Erzählsituation ist hier bei Mensch an Mann zu denken.

[17] vgl. Lk 2,21-38 (Simeon und Hanna); Lk 4,25-27 (die Witwe in Sarepta und der Syrer Naaman); Lk 4,33-39 (Heilung eines Mannes und Heilung der Schwiegermutter des Petrus); Lk 7,1-15 (der Hauptmann von Kafarnaum und die Mutter des Jünglings von Nain)

[18] vgl. Michael Wolter, Lk 15 als Streitgespräch, in EThL 78 (2002) S. 40

[19] vgl. Christof Landmesser, Die Rückkehr ins Leben nach dem Gleichnis vom verlorenen Sohn (Lukas 15,11-32), in: ZThK 99 (2002) S. 245

Am Ende des dritten Gleichnisses gibt es ein Streitgespräch im Streitgespräch - nämlich zwischen dem älteren Sohn und dem Vater. Es hat dieselbe für ein Streitgespräch typische Komposition wie die Rahmenerzählung. Zunächst wird die Ausgangssituation geschildert (V 24-25), anschließend wird ein Kritiker eingeführt (V 25-30) und zum Schluss reagiert der Protagonist darauf mit einem Votum (V 31-32).[20] Dieses Streitgespräch im Streitgespräch verknüpft das Gleichnis vom verlorenen Sohn mit der Einführung in den Versen 1-3. So gibt der Vater in den Versen 31-32 an Stelle Jesu die Antwort an diejenigen, die so handeln wie der ältere Sohn und die Schriftkundigen.[21]

Das dritte und letzte Gleichnis der Trias hat einen komplett anderen Aufbau und Inhalt als die beiden ersten. "Beim Schaf und der Drachme wird die Freude über das Finden des Verlorenen als Freude über die Umkehr eines Sünders gedeutet, beim Sohn die Freude über die Umkehr eines Sünders als Freude über das Finden des Verlorenen."[22]

Das Schaf und die Drachme wurden beide verloren. Der Sohn im dritten Gleichnis wird auch als verloren bezeichnet, doch (im Gegensatz zum Schaf und der Drachme) ist er selber Schuld an seinem Schicksal. Er hat den Vater aus eigenem Verlangen verlassen. Auch an seiner schlechten Situation ist er durch sein schwelgerisches Leben (V 13) selber Schuld. Und nach jüdischem Verständnis hat er sich selbst zum Sünder gemacht, indem er Schweine hütete und sich dadurch kultisch unrein machte.[23]

Da der Sohn also selbst für seine Situation verantwortlich ist, unterscheidet sich dieses dritte Gleichnis eindeutig von den beiden vorherigen hinsichtlich der Ursache für das Verlorengehen.

Doch auch bezüglich des Suchens und Findens ist eine Umkehrung festzustellen. Denn der Vater als derjenige, der etwas verloren hat, verhält sich anders als der Schäfer und die Frau der vorangegangenen Gleichnisse. Er bleibt passiv und begibt sich nicht auf die Suche, zumindest sagt der Text darüber nichts aus.

---

[20] vgl. Michael Wolter, Lk 15 als Streitgespräch, in EThL 78 (2002) S. 43
[21] vgl. ebd., S. 38
[22] ders., S. 38
[23] vgl. Ulrich Kuder, Zündstoffe Die Gleichnisse Jesu - Keine frommen Geschichten, Christophorus, Freiburg i Br., 1988, Seite 40

Der Aktive auf dem Weg der Umkehr ist vielmehr der Sohn. Ihn packt die Reue und er begibt sich auf den Weg zum Vater. Erst als der Vater sieht, dass sein Sohn zu ihm zurück kommt, läuft er ihm entgegen.

Der Vater vergibt seinem Sohn vorraussetzungslos. Das Schuldbekenntnis des Sohnes folgt erst auf den Akt der Vergebung um diesen zu betonen - er ist nicht Bedingung dafür.[24]

An dieser Stelle des Lukas-Evangeliums begegnet uns ein reformatorischer Gedanke, nämlich dass nur der Glaube, das Kommen zu Jesus als Befreiung ausreicht - unabhängig von guten oder reuenden Taten. Doch der entscheidende Schritt, die reuende Tat des Sohnes ist es voller Ungewissheit die Rückkehr anzutreten. Nur dadurch, dass sich der Sohn selber auf den Weg gemacht hatte, konnte der Vater ihm vergeben und ihn wieder als Sohn aufnehmen, was durch die Kleidung, den Ring und die Mahlgemeinschaft ausgedrückt wird (V 22-23).

In Vers 24 und auch Vers 32 heißt es, "er war verloren und wurde wieder gefunden". Obwohl es der Sohn war, der zum Vater zurück ging, und auch nicht darüber berichtet wird, dass der Vater auf der Suche nach dem Sohn war, klingt es zwischen den Zeilen so, als ob sich der Vater darüber freut, dass er seinen Sohn wieder "gefunden" hat.

Dies ist nur im Zusammenhang mit den vorangegangenen Gleichnissen vom verlorenem Schaf und von der verlorenen Drachme zu verstehen. Denn der verlorene Sohn ist ebenso wie das Schaf und die Drachme ein Bild für einen Sünder. Und so wie der Vater sich über die Heimkehr des Sohnes freut, so freut sich Gott über jeden der zu ihm umkehrt. Damit wird der Hörer zwar zur aktiven Umkehr aufgefordert, doch ohne Gottes Suche nach dem Menschen und seiner Bereitschaft ihn wieder aufzunehmen ist eine Umkehr ausgeschlossen.[25]

In Vers 24 und 32 sagt der Vater weiter über seinen Sohn, "(er) war ein toter Mann und ist zum Leben gekommen". "Die Umkehr zum gottgefälligen Leben bedeutet für Lukas Auferstehung."[26] Wer wie die Zöllner und Sünder zu Jesus kommt, kehrt um, denn die Gemeinschaft mit Jesus ist Bestandteil des Umkehrgeschehens.[27] Ihre I-

---

[24]   vgl. Christof Landmesser, Die Rückkehr ins Leben nach dem Gleichnis vom verlorenen Sohn (Lukas 15,11-32), in: ZThK 99 (2002) S. 254

[25]   vgl. Ulrich Kuder, Zündstoffe Die Gleichnisse Jesu - Keine frommen Geschichten, Christophorus, Freiburg i Br., 1988, Seite 36f.

[26]   aus der Erinnerung zitiert: Prof. Dr. Martin Ebner

[27]   vgl. Michael Wolter, Lk 15 als Streitgespräch, in EThL 78 (2002) S. 41

dentität gründet nicht mehr auf ihren Taten, sondern auf ihrem Kommen zu Jesus. Das ist es, was die Führer des Volkes aus ihrer Sicht und Position nicht verstehen konnten. Folglich waren diese Menschen für sie weiterhin Sünder und daher war ein Mahl mit ihnen unmöglich.

Abschließend ist zum Gleichnis vom verlorenen Sohn noch festzuhalten, dass es neben der Aufforderung zur Umkehr noch eine weitere Forderung beinhaltet. Die Hörer sollen sich mit Gott über die Umkehr des Sünders freuen. So schwer es auch sein mag, sie sollen neidlos akzeptieren, dass Gott sich über die Umgekehrten genauso, ja im Moment der Umkehr noch mehr freut als über die "Gerechten". Und jeder ist dazu eingeladen sich mit zu freuen.

"Das Fest hat seine Grenze nicht in den (...) so genannten Sündern, sondern in denen die nicht mitfeiern wollen."[28] Wer sich wie der ältere Bruder dem Festmahl verschließt (V 28), ist ebenso wie dieser ein verlorener Sohn.[29]

Ob und inwieweit die Pharisäer sich von Jesus überzeugen ließen und die Umkehr der Sünder neidlos akzeptieren konnten, bleibt im Evangelium unbeantwortet.

Der Hörer bzw. Leser bleibt jedoch aufgefordert selbst Stellung zu beziehen, wie er sich Umkehrenden gegenüber verhält.

2.8 Die Intention des Textes

Das Gleichnis vom verlorenen Schaf im Lukas-Evangelium hat zwei Funktionen. Es ist zunächst ein Rechtfertigungsgleichnis, das das Verhalten Jesu - er nimmt Sünder an und isst mit ihnen (Lk 15,2) - gegenüber den Pharisäern und Schriftgelehrten verteidigt. Dies wird auch dadurch deutlich, dass der Hirte ein Fest gibt. Die Führer des Volkes werden von Jesus aufgefordert, sich wie die Gäste beim Fest über die wieder gefundenen Sünder mitzufreuen.

Das Gleichnis soll aber auch bei seinen Adressaten eine Änderung des Verhaltens bewirken. Dazu ist es wichtig - wie oben dargelegt -, alle drei Gleichnisse der Trias zusammen zu lesen. Das Schaf und die Drachme werden gesucht, bis sie gefunden werden. Der Sohn kehrt zum Vater um und erfährt dann Vergebung.

---

[28]   Ulrich Kuder, Zündstoffe Die Gleichnisse Jesu - Keine frommen Geschichten, Christophorus, Freiburg i Br., 1988, Seite 39

[29]   vgl. Christof Landmesser, Die Rückkehr ins Leben nach dem Gleichnis vom verlorenen Sohn (Lukas 15,11-32), in: ZThK 99 (2002) S. 260

Die ursprünglichen Hörer und auch späteren Leser des Gleichnisses sollen ihr Leben überdenken und - falls nötig - umkehren.

Eine wahre Umkehr ist jedoch nur möglich, wenn ich mich selber aufmache, meinen Weg ändere und wenn Gott nach mir sucht. Es reicht nicht aus sich wie ein Schaf, das von der Herde getrennt ist, hinzulegen, zu weinen und auf den Hirten zu warten. Dies ist das Zentrum der lukanischen Theologie: Gott wendet sich denen zu, die Umkehren.[30] Denen die auf ihn zugehen, kommt er wie der Vater des "verlorenen Sohnes" entgegen. Doch die Motivation zur Umkehr soll nicht die Angst vor dem Gericht Gottes sein, sondern die Freude im Himmel darüber.[31]

Lukas benutzte das Gleichnis möglicherweise auch um eine Veränderung in seiner Gemeinde zu bewirken. Die Gläubigen sollten sich gegenüber den Sündern gnädig zeigen. So wie Gott, oder grade weil Gott allen vergibt und nach denen sucht, die umkehren möchten, sollen die jungen Christen der lukanischen Gemeinde einander vergeben. Sie sollen den Sünder wieder in Ihre Gemeinschaft aufnehmen.

Der gläubige Mensch ist wie ein einzelnes Schaf. Er braucht die Gemeinschaft der Anderen um nicht zu sterben. Wer dazu gezwungen wird seinen Glauben allein zu leben, wird ihn verlieren. - Das galt damals und das gilt auch heute noch.

Dass Lukas das Gleichnis zur Gemeindekatechese nutzte, heißt nicht, dass der Text nicht ursprünglich von Jesus selbst stammen kann. Es ist eher anzunehmen, dass Lukas ein ursprüngliches Jesus-Gleichnis für seine "Zwecke" veränderte. Für diese Theorie sprechen unter anderem auch die verschiedenen Intentionen.

Es bleibt allerdings immer zu bedenken, dass das Gleichnis ursprünglich möglicherweise in einem anderem Gesprächskontext gestanden hat, so dass es dort auch eine andere Funktion bzw. Intention gehabt haben kann.

2.9 Zusammenfassung der Ergebnisse

Das lukanische Jesus-Gleichnis vom "verlorenen Schaf" erzählt von der ungewöhnlichen Reaktion eines Hirten auf den Verlust eines seiner Schafe. Er geht das eine verlorene suchen, bis er es findet, und lässt die anderen 99 allein.

---

[30]   vgl. Gerd Theißen, Das neue Testament, 2. Auflage C.H. Beck, München, 2004, S. 78
[31]   vgl. Gerd Theißen, Das neue Testament, 2. Auflage C.H. Beck, München, 2004, S. 79

Einige Exegeten gehen davon aus, dass die übrigen Schafe versorgt seien. Doch davon steht nichts im Text. Auch wäre dann das Gleichnis "um seine Wirkung gebracht (...) die Gegenüberstellung 1:99 würde dadurch bedeutungslos".[32] Die Schafe standen im Alten Testament metaphorisch für das Volk Israel. Im Neuen Testament wurde dieses Bild auf die Christen übertragen. Das verlorene Schaf steht daher für einen Gläubigen, der gefehlt hat.

Der Hirte kann verschieden gedeutet werden. Zum einen kann er für Gott stehen, der nach dem Sünder sucht und sich freut, wenn er ihn findet. Zum anderen kann er für die übrigen Gläubigen stehen. Im zweiten Fall würde das Gleichnis dazu aufrufen den sündigen "Bruder" so lange zu suchen, bis er zurück bei der "Herde" ist.

Des weiteren sollen sich die Leser anders als der Bruder des "verlorenen Sohnes" neidlos mitfreuen, wenn jemand umkehrt.

Das Gleichnis vom verlorenen Schaf bildet zusammen mit den Gleichnissen von der verlorenen Drachme und vom verlorenen Sohn die so genannte Gleichnistrias. Diese steht in der Mitte des lukanischen Evangeliums und bildet das Zentrum seiner Theologie: Dass Gott sich den Menschen zuwendet, die zu ihm umkehren.

3. Betrachtung verschiedener exegetischer Ansätze

Eugen Drewermann nennt das Gleichnis vom "verlorenen Sohn" listig, da es eine Gemeinschaft, wie sie Jesus anstrebe, nicht geben könne. In einer Gesellschaft gäbe es immer Regeln die einige ausschließen und eine Rangordnung von Tretenden und Getretenen. Jesus käme seinen Gegnern mit dem Gleichnis sogar entgegen, da er deren Ordnung von Sündern und Reinen als Realität annimmt.

In der Bergpredigt sieht Jesus diesen Unterschied nicht. Dort sagt er: "Worin denn besteht eigentlich der Unterschied zwischen den Sündern und den Gerechten?" Diesen Unterschied, so Drewermann, gäbe es nicht.[33] Die Unterscheidung bestehe zwischen den Menschen "die verstehen, wie hilflos, ohnmächtig und getrieben Menschen sein können und denen die davon nichts wissen".[34] Dieses Wissen könne man

---

[32]   Eta Linnemann, Gleichnisse Jesu, Einführung und Auslegung, 5. Ausgabe, Vandenhoeck & Ruprecht, Göttingen 1969, Seite 71

[33]   vgl. Eugen Drewermann, Wenn der Himmel die Erde berührt. Predigten über die Gleichnisse Jesu, Patmos, Düsseldorf 1992, Seite 146f.

[34]   ibid, Seite 150

nur durch eigenes erfahrenes Leid erlangen, daher sei Jesus ein so guter Ansprechpartner für die Ausgestoßenen der Gesellschaft gewesen.[35]

Der Theologe schildert, wie er selbst erfahren musste, dass ein Pfarrgemeinderat davon abriet der Buße bedürftige Gemeindemitglieder zu besuchen. Die Kirche sei, so Drewermann, "nicht besser als die Synagoge"[36] und verstoße gegen dieses Evangelium.[37] Allerdings rät er auch davon ab die "Möglichkeiten der Gnade (...) zum Zwang einer neuen Übermoral zu machen"[38] und uns anzumaßen wir wären in der Lage alle zur Herde zurück zu holen. Jedoch sei es wichtig diesen Versuch nie zu unterlassen.[39]

Natürlich gäbe es Kirchengesetze, nach denen Menschen sündigen. Doch entspräche dieses Urteilen über und Ausschließen von Menschen nicht dem Willen Jesu, denn "Gott will sie alle".[40]

Den Unterschied zwischen dem "verlorenen" und "verirrten" Schaf sieht Wilhelm Michaelis nicht. Seiner Meinung nach widerspricht Mt 18,14 der Realität, da der Anspruch, dass ein guter Hirte das Verlieren eines Schafes zu verhindern weiß, "der Erfahrung des Hirtenlebens gar nicht entsprechen würde".[41]

Michael Wolter überlegt in seinem Text "LK 15 als Streitgespräch", welcher erzählexterne Kontext, also welche Gegebenheiten in der lukanischen Gegenwart die Zusammenstellung der Gleichnisse beeinflusst haben könnte. Oder anders gesagt, was Lukas den Menschen seiner Zeit damit sagen wollte.

So ist eine These, dass Lukas zeigen wollte, dass auch die bekehrten Heiden von Gott angenommen seien. Dagegen spricht jedoch, dass der verlorene Sohn zum Vater zurückgeht. Bei den Heiden kann man wohl kaum von einem Zurückkommen zu Gott sprechen.

Auch die Interpretation von Pokorný, der annimmt, es ginge darum die jungen Christen daran zu erinnern, dass die Juden die älteren Brüder seien, die auch zum Haus des Vaters gehören, misslingt.

---

[35]   vgl. ibid, Seite 149f
[36]   ibid, Seite 148
[37]   vgl. ibid
[38]   ibid, Seite 149
[39]   vgl. ibid
[40]   ibid, Seite 153
[41]   Wilhelm Michaelis, Die Gleichnisse Jesu, Furche, Hamburg 1956, Seite 133

Diese Überlegung scheitert schon deshalb, weil der verlorene Sohn die Zugehörigkeit des älteren Bruders zum Haus des Vaters überhaupt nicht anzweifelt.

Die Theorie, die Gleichnisse sollen gegen die rigorose Position im Hebräerbrief, nach der vom Bekenntnis Abgefallene nicht zurück in die Gemeinschaft der Christen dürfen, Position beziehen, scheitert. Denn dann müsste der ältere Bruder den Auszug des jüngeren kritisieren. Genau das tut er aber nicht, sondern er kritisiert nur dessen Handlugen nach dem Auszug (Lk 15,30).

Wolter kommt zu dem Schluss, dass eine solche Intention, die über den gleichnisinternen Kontext des Gleichnisses hinausgeht, zwar nicht zu erkennen, aber dennoch möglich ist. [42]

Möglicherweise war die Münze der Frau im Gleichnis von der verlorenen Drachme Teil des Brautschatzes der Frau. In Palästina war dies ein mit Münzen besetzter Kopfschmuck. Dann wäre dieser schlichte Brautschatz ein Hinweis darauf, dass die Frau sehr arm war. Dafür spricht laut Eta Linnemann auch, dass die Frau ein Licht entzündet. Sie sieht nämlich darin den Hinweis, dass die Frau in einer fensterlosen Hütte lebt. [43]

André Gide identifiziert das Haus des Vaters im dritten Gleichnis mit der Kirche. [44] Von daher wehrt er sich gegen eine Rückkehr des Sohnes in dieses Haus. In der Kirche sei "der Wille des Vaters längst von harten und unbeugsamen Erben umgedeutet" [45] worden. Daher kann man, so Gide, in der Kirche den Vater nicht mehr finden.

Robert Walser teilt die Meinung des älteren Bruders, dass dieser im Vergleich zum "verlorenen Sohn" nicht gerecht behandelt worden wäre. Er schreibt: "Der wackere Zuhausegebliebene hätte auch ganz gern einmal tüchtig tot und hernach wieder

---

[42] vgl. Michael Wolter, Lk 15 als Streitgespräch, in EThL 78 (2002) S. 53-55

[43] vgl. Eta Linnemann, Gleichnisse Jesu, Einführung und Auslegung, 5. Ausgabe, Vandenhoeck & Ruprecht, Göttingen 1969, Seite 72

[44] vgl. E. Garhammer, Fremdheit des Vertrauens. Zur literarischen Verfremdung eines biblischen Gleichnisses, in: Ders./U. Zelinka (Hrsg.), Brennender Dornbusch und pfingstliche Feuerzungen". Biblische Spuren in der modernen Literatur. (Einblicke. Ergebnisses – Berichte – Reflexionen aus Tagungen der Katholischen Akademie Schwerte 7). Paderborn 2003 S. 82f.

[45] E.Garhammer, Fremdheit des Vertrauens. Zur literarischen Verfremdung eines biblischen Gleichnisses, in: Ders./U. Zelinka (Hrsg.), Brennender Dornbusch und pfingstliche Feuerzungen". Biblische Spuren in der modernen Literatur. (Einblicke. Ergebnisses – Berichte – Reflexionen aus Tagungen der Katholischen Akademie Schwerte 7). Paderborn 2003 S. 80

tüchtig lebendig sein mögen, um erleben zu dürfen, dass ihm alle Liebe naturgemäß wie wild entgegenkäme." [46]

Wichtig ist es aber gerade diese Stelle des Textes nicht wie Walser zu deuten. Es gab bisher nur einen gerechten Menschen, der frei von Sünde war, und das war Jesus selbst. Doch nehmen wir einmal an es gäbe die 99 Gerechten, so wären diese für Gott ebenso viel Wert wie die Umgekehrten. Ansonsten müsste man sich ja bewusst etwas zu schulden kommen lassen um umzukehren und dadurch seinen eigenen Wert vor Gott zu steigern.

Natürlich freut Gott sich über die Umkehr, aber die betonte größere Freude über das Gefundene als über das Verlorene ist lediglich eine Momentaufnahme. "Von einem absoluten "Mehrwert" des Büßers vor dem Gerechten kann natürlich keine Rede sein."[47]

Diese besondere Freude lässt sich am besten nachvollziehen, wenn man sich vorstellt einen zehn Euro Schein verloren zu haben. In dem Moment, wo man ihn findet, freut man sich über diesen einen natürlich besonders. Doch sobald er wieder bei den anderen Geldscheinen liegt, ist er ebenso wertvoll wie diese.

Eta Linnemann schreibt, Jesu habe die Reihenfolge von Umkehr und Gnade gewechselt. Vor Jesus wäre die Umkehr die Vorraussetzung zur Gnade, jetzt entstehe die Umkehr an der Gnade.[48]

Dieser Ansatz ist sicher bedenkenswert. Doch dazu habe ich bereits weiter ausgeführt, dass der verlorene Sohn den ersten Schritt tut, indem er nach Hause zurückkehrt, und dadurch erst Vergebung und Wiederaufnahme durch den Vater möglich werden.

Oft werden in Texte Lebenserfahrungen des Lesers hinein gedeutet. Das zeigt sich besonders eindrucksvoll bei Rainer Maria Rilke. Er wurde von seiner Mutter sehr streng religiös erzogen und sieht in dem verlorenen Sohn jemanden, der von zu Hause weg geht, da er "durch die Liebe nicht erdrückt werden möchte".[49]

---

[46] ibid, S. 82

[47] Eta Linnemann, Gleichnisse Jesu, Einführung und Auslegung, 5. Ausgabe, Vandenhoeck & Ruprecht, Göttingen 1969, Seite 72

[48] vgl. ibid, Seite 78

[49] E. Garhammer, Fremdheit des Vertrauens. Zur literarischen Verfremdung eines biblischen Gleichnisses, in: Ders.,/U. Zelinka (Hrsg.), Brennender Dornbusch und pfingstliche Feuerzungen". Biblische Spuren in der modernen Literatur. (Einblicke. Ergebnisse – Berichte – Reflexionen aus Tagungen der Katholischen Akademie Schwerte 7). Paderborn 2003 S. 86

Hier erhebt sich zwangsläufig die Frage, wieso der verlorene Sohn wieder nach Hause zurückkehrt und sich erneut dieser "Gefahr" aussetzt.

4. Schlussreflexion

Die Geschichte vom verlorenen Schaf gehört zu den bekanntesten Erzählungen der Bibel überhaupt. Darum ist es nicht verwunderlich, dass es, wie soeben gesehen, viele verschiedene Interpretationsansätze gibt. Von diesen wird der folgende am häufigsten vertreten, der auch von mir geteilt wird.

Durch die Positionierung in seinem Evangelium, möchte Lukas das Verhalten Jesu gegenüber Sündern und Zöllnern nachträglich rechtfertigen. Auch die Pharisäer und Schriftgelehrten Israels wussten, dass Menschen sündigen. Sie glaubten auch daran, dass Gott den Menschen, die zu ihm umkehren, vergibt. Doch sie konnten das Kommen der Menschen zu Jesus nicht als Umkehr verstehen. Sie konnten es deshalb nicht, weil er für sie nicht mehr als ein Zimmermann aus Nazareth war. Der fromme Jude konnte an denen, die da mit Jesus aßen, nichts von Buße erkennen.[50]

Möglicherweise sollte durch die Gleichnisse und den dazu gehörigen Rahmen die Bußpraxis der Christen, die sich auf die besondere Funktion von Jesu Martyrium stützt, gegenüber der jüdischen Umwelt gerechtfertigt werden.

Dadurch, dass in den Gleichnissen von "Verlorenen", nicht aber von "Sündern" die Rede ist, wird der Hörer dazu gebracht das Fehlen eines anderen als etwas alltägliches zu sehen, dass es zu verhindern gilt. Er fühlt sich dazu aufgefordert selbst nach dem "Verlorenen" zu suchen. Wichtig ist nicht nur, dass wir anderen vergeben und sie wieder in die Gemeinschaft aufnehmen. Wichtig ist auch, dass wir uns alle immer wieder bewusst machen, "dass wir alle sein Erbarmen brauchen, dass es überhaupt keine neunundneunzig richtige und ein verlorenes Schaf gibt"[51] und dass wir darum alle der eigenen Umkehr und der Vergebung Gottes bedürfen.

Zum Abschluss dieser Arbeit möchte ich noch einmal kurz auf die Vielzahl verschiedener Interpretationsansätze eingehen.

---

[50]   vgl. Eta Linnemann, Gleichnisse Jesu, Einführung und Auslegung, 5. Ausgabe, Vandenhoeck & Ruprecht, Göttingen 1969, Seite 76

[51]   Eugen Drewermann, Wenn der Himmel die Erde berührt. Predigten über die Gleichnisse Jesu, Patmos, Düsseldorf 1992, Seite 149

Oft ist es für Leser von Bibeltexten hilfreich in ihnen ihre eigene Lebensgeschichte und ihre persönlichen Fragestellungen wieder finden zu können. Und es ist meines Erachtens etwas faszinierendes, dass Bibeltexte auch ohne exegetische Vorkenntnisse den Menschen und seine Probleme ansprechen können.

Hier besteht allerdings die Gefahr der Willkür, dass sich nämlich die "persönliche" Deutung eines Bibeltextes viel zu weit von der mit dem Text verbundenen Aussageabsicht bzw. Intention entfernt und die Texte zur Unterstützung der eigenen Meinung und des eigenen Denkens missbraucht werden.

Von daher halte ich es - nicht nur wegen der Gefahr willkürlicher Interpretationen - für eine wichtige und vordringliche Aufgabe der Exegese die mit den einzelnen biblischen Texten verbundene(n) Aussageabsicht(en) und Intention(en) herauszuarbeiten und darzustellen ohne sie in ihren mehrfachen Deutungsmöglichkeiten zu beschneiden.

5. Literaturverzeichnis

* Nestle-Aland, Novum Testamentum Graece et Latine, Deutsche Bibelgesellschaft, Stuttgart, 1984

* Josef Hainz (Hrsg.), Münchner Neues Testament, 6. Aulage, Patmos, Düsseldorf, 2002

* Gerd Theißen, Das neue Testament, 2. Auflage C.H. Beck, München, 2004

* Ulrich Kuder, Zündstoffe Die Gleichnisse Jesu - Keine frommen Geschichten, Christophorus, Freiburg i Br., 1988

* Helmut Kühnemann, Ratgeber Nutztiere Schafe, Ulmer, Stuttgart 2000

* Erich Läufer, Hirten waren die ersten, in: Kirchenzeitung für das Erzbistum Köln, Ausgabe Nr.51/52, 19.12.2003, Seite 14f

* Udo Schnelle, Einleitung in das neue Testament, 4. neubearbeitete Auflage, Vandenhoeck und Ruprecht, Göttingen 2002

* Eugen Drewermann, Wenn der Himmel die Erde berührt. Predigten über die Gleichnisse Jesu, Piper, München 1997

* Wilhelm Michaelis, Die Gleichnisse Jesu, Furche, Hamburg 1956

* Hans Weder, Die Gleichnisse Jesu als Metaphern, Vandenhoeck & Ruprecht, Göttingen 1978

* O. Hofius, Jesu Tischgemeinschaft mit den Sündern (in: Ders., Neutestamentliche Studien [WUNT 132], 2000, 19-37),21-29

* E. Garhammer, Fremdheit des Vertrauens. Zur literarischen Verfremdung eines biblischen Gleichnisses, in: Ders.,/U. Zelinka (Hrsg.), Brennender Dornbusch und pfingstliche Feuerzungen". Biblische Spuren in der modernen Literatur. (Einblicke. Ergebnisses – Berichte – Reflexionen aus Tagungen der Katholischen Akademie Schwerte 7). Paderborn 2003, 77-94

* Christof Landmesser, Die Rückkehr ins Leben nach dem Gleichnis vom verlorenen Sohn (Lukas 15,11-32), in: ZThK 99 (2002) 239-261

* Michael Wolter, Lk 15 als Streitgespräch, in EThL 78 (2002) 25-56

* Joachim Jeremias, Die Gleichnisse Jesu, 8., durchgesehene Auflage, Vandenhoeck & Ruprecht, Göttingen 1970

* Eta Linnemann, Gleichnisse Jesu, Einführung und Auslegung, 5. Ausgabe, Vandenhoeck & Ruprecht, Göttingen 1969